Martin Betschart

30 Minuten für

Das selbstbestimmte Leben

Der direkte Weg zu einem erfolgreichen und glücklichen Leben

Bibliografische Information Der Deutschen Bibliothek

Die Deutsche Bibliothek verzeichnet diese Publikation in der Deutschen Nationalbibliografie; detaillierte bibliografische Daten sind im Internet über http://dnb.ddb.de abrufbar.

Umschlag und Layout: die imprimatur, Hainburg
Lektorat: Diethild Bansleben, Eppstein
Satz: Zerosoft, Timisoara, Rumänien
Druck und Verarbeitung: Salzland Druck, Staßfurt

Hinweis:
Das Buch ist sorgfältig erarbeitet worden. Dennoch erfolgen alle Angaben ohne Gewähr. Weder Autor noch Verlag können für eventuelle Nachteile oder Schäden, die aus den im Buch gemachten Hinweisen resultieren, eine Haftung übernehmen.

Printed in Germany

ISBN 3-89749-516-3

In 30 Minuten wissen Sie mehr!

Dieses Buch ist so konzipiert, dass Sie in kurzer Zeit prägnante und fundierte Informationen aufnehmen können. Mithilfe eines Leitsystems werden Sie durch das Buch geführt. Es erlaubt Ihnen, innerhalb Ihres persönlichen Zeitkontingents (von 10 bis 30 Minuten) das Wesentliche zu erfassen.

Kurze Lesezeit
In 30 Minuten können Sie das ganze Buch lesen. Wenn Sie weniger Zeit haben, lesen Sie gezielt nur die Stellen, die für Sie wichtige Informationen beinhalten.

- Alle wichtigen Informationen sind blau gedruckt.

- Schlüsselfragen mit Seitenverweisen zu Beginn eines jeden Kapitels erlauben eine schnelle Orientierung: Sie blättern direkt auf die Seite, die Ihre Wissenslücke schließt.

- *Zahlreiche Zusammenfassungen innerhalb der Kapitel erlauben das schnelle Querlesen. Sie sind blau gedruckt und zusätzlich durch ein Uhrsymbol gekennzeichnet, sodass sie leicht zu finden sind.*

- Ein Register erleichtert das Nachschlagen.

Vorwort

1997 erschien mein erstes Buch mit dem Titel „Ressourcing – In Ihnen steckt mehr!“ Darin veröffentlichte ich meine Forschungsergebnisse, die auf der Grundlage von über 500 überdurchschnittlich erfolgreichen Menschen entstanden sind, und zeigte deren Besonderheiten auf. Im Jahr 2000 veröffentlichte ich eine stark überarbeitete Neuauflage mit dem Untertitel „Entdecke dein Erfolgspotenzial“. Viele Tausend Menschen haben diese ersten beiden Bücher gelesen und davon profitiert. Im Jahr 2001 erschien die Neuauflage dann als Hörbuch. Somit wurde sie auch den Menschen, die nicht gerne lesen und das Hören bevorzugen oder die Zeit im Auto, im Liegestuhl oder beim Sport noch besser nutzen wollen, zugänglich. Die vielen tollen Rückmeldungen haben gezeigt, dass sich die Arbeit gelohnt hat.

Mit dem Ihnen vorliegenden Buch nun möchte ich noch mehr in die Praxis gehen und zeige anhand einer realen Geschichte (Namen und Orte sind nicht real), wie nahe doch Erfolg und Misserfolg beieinander liegen.

Ich bedanke mich bei den beteiligten Personen für die Erlaubnis, ihre Geschichten niederzuschreiben.

Es scheint ein menschliches Phänomen zu sein: Viele Menschen müssen zuerst großen Schmerz erleiden (Krankheit, Scheidung etc.), bis sie beginnen, sich weiterzuentwickeln.

Ich habe mich entschieden, das Buch in der Du-Form zu schreiben. Vielleicht wird es so ein bisschen persönlicher und somit wirkungsvoller. Ich hoffe Sie bzw. du kannst damit leben.

Der Einfachheit halber benutze ich die männliche Form, dabei sind die Leserinnen natürlich genauso angesprochen.

Damit du den größten Nutzen aus diesem Buch ziehen kannst, empfehle ich dir, es vom Anfang bis zum Schluss zu lesen, denn so bleibt die Spannung erhalten.

Zürich, im Mai 2005

1. Die Geschichte von Rene M.

Rene M. wurde im Frühjahr 1959 als viertes von fünf Kindern einer italienischen Einwandererfamilie geboren. Sein Vater war Hilfsarbeiter, seine Mutter putzte, wenn sie Zeit hatte. Sie hatten gerade so viel Geld, dass es mit sehr viel Sparsamkeit und Disziplin zum Überleben reichte. Die Familie wohnte zu siebt in einer 4-Zimmer-Wohnung.

Die Geldknappheit prägte das Leben von Rene. Auf der einen Seite wünschte sich die Familie eine größere Wohnung, auf der anderen wollte sie auf den jährlichen Urlaub in ihrer Heimat nicht verzichten. Der Traum von einem Eigenheim oder auf einen Lebensabend in der Heimat wurde immer mehr zu einem frommen Wunsch.

Rene musste auf vieles verzichten. Seine Freunde hatten wesentlich mehr Taschengeld zur Verfügung. Sonntags ging die Familie in die Kirche. Die Eltern waren sehr religiös. Natürlich wurde Rene in ihrem Sinn erzogen, doch immer häufiger hatte er Zweifel. Er stellte fest, dass oft ein großer Unterschied lag zwischen dem, was gepredigt wurde, und dem, was getan wurde.

Rene fiel es immer schwerer, die Religiösität seiner Eltern zu akzeptieren.

Seine Motivation zum Lernen war minimal. Auch sein Deutsch ließ zu wünschen übrig.

Immer öfter war er in Streitigkeiten verwickelt Er prügelte sich ständig, was zu Hause zu weiteren Konflikten führte. Der Grund dieser Streitigkeiten waren meist Hänseleien über seinen italienischen Ursprung,

aber auch seine schlechten Schulnoten. Das mangelnde Selbstvertrauen versuchte er mit körperlicher Gewalt zu kompensieren, was ihm aber selbst mit intensivem Karate-Training nicht gelang. Auch hier wurde er ausgeschlossen, weil er sich zu oft prügelte.
Ein Boxtraining gab ihm kurzfristig sein Selbstvertrauen zurück. Sein Trainer wollte ihn für eine Profikarriere begeistern, doch bald zeigte sich, dass Rene nicht die nötigen natürlichen Grundlagen mitbrachte, um wirklich an die Spitze zu kommen. Dies führte zu noch mehr Selbstzweifeln.
Mit viel Mühe und Not schaffte er es, die Grundschule abzuschließen.
Rene war drauf und dran, sich mit dem vorgezeichneten Lebensweg abzufinden. Sprüche wie „Schuster bleib bei deinen Leisten“ bestätigten ihn in dieser Meinung. Er begann eine Lehre als Kondukteur bei der Schweizerischen Bundesbahn.
Wirklich motiviert war er hier allerdings auch nicht. Er versuchte ständig, den Weg des geringsten Widerstandes zu gehen. Die Zwischenprüfungen schaffte er nur knapp. Mehrmals stand er auf der „Abschussliste“. Doch der Gedanke daran, dass er ohne diese Arbeit nicht besser dastehen würde als sein Vater, gab ihm Auftrieb.
Geld motivierte ihn und er träumte davon, viel Geld zu haben. Damit verband er sozialen Status und Anerkennung.
Nach dem Abschluss seiner Lehre musste Rene Militärdienst leisten. Auch hier bewies er sich als Minimalist.

Der große Traum

Rene träumte davon, wie es wäre, reich zu sein. Eine Villa, ein Porsche, eine Rolex ... Diese Gedanken beflügelten ihn. Ein Porsche war für ihn das Symbol von Status und Reichtum. Stundenlang stellte er sich vor, wie es wäre, wenn er einen besäße. Vor seinem geistigen Auge sah er sich schon bei seiner Stammkneipe vorfahren. Die Bewunderung seiner Kollegen glaubte er sicher zu haben, und er rechnete sich viel mehr Chancen bei den Mädchen aus. Diese Gedanken motivierten ihn und spornten ihn an.

Geschafft

Dann die Gelegenheit: Der Bruder eines Freundes hatte sich geschäftlich übernommen und meldete Konkurs an. Zu einem echten Schnäppchenpreis war nun dessen noch neuwertiger Porsche zu haben.
So kam es, dass Rene mit 22 Jahren stolzer Besitzer eines Porsche wurde. Die Bank bewilligte ihm den Kredit für den gebrauchten Porsche, denn sein Arbeitsplatz galt als krisensicher. Rene schwebte auf Wolke sieben.

Die Welt sieht oft anders aus als erwartet

Die Anerkennung, die er bekam, befriedigte ihn nicht. Die Mädchen liefen ihm deshalb immer noch nicht nach, selbst seine Freundin konnte sich nicht besonders für den Porsche begeistern. Sie war noch in der Lehre und hätte das Geld viel sinnvoller nutzen können. Die Beziehung zerbrach. Außerdem hatte er die Unterhalts- und Reparaturkosten seines Porsche falsch eingeschätzt. Eine Werkstattrechnung, die höher war als sein monatlicher

Lohn, holte ihn endgültig auf den Boden der Realität zurück.
Er versuchte, nebenbei noch mehr Geld zu verdienen. Aus Angst, seinen Freunden gegenüber das Gesicht zu verlieren, wenn er seinen Porsche verkaufte, versuchte er es erneut mit Bankkrediten, was ihm allerdings nur kurzfristig weiterhalf. Hierbei jedoch entdeckte er erstmals sein Verhandlungsgeschick.

Die Rettung

Auf lange Sicht war der Porsche also nicht finanzierbar, sodass er ihn wieder verkaufte. Dabei wurde ihm klar, dass er Verkäufertalent besaß. Um den Verkauf des Wagens seinen Freunden gegenüber zu rechtfertigen, begann er nun sich weiterzubilden. Zuerst im Verkauf und später in Betriebswirtschaft.
Er las zahlreiche Bücher wie: „Vom Tellerwäscher zum Multimillionär". Sie gaben ihm die Hoffnung, in seinem Leben weiterzukommen. Mit den Menschen aus diesen Büchern konnte er sich identifizieren, denn diese kamen meist aus ähnlichen Verhältnissen wie er.
Immer wieder las er von persönlichkeitsbildenden Seminaren, die einen weiterbringen sollten. Er belegte also ein Dale-Carnegie-Training. Dennoch verstand er den Zusammenhang zwischen Erfolg und persönlicher Weiterentwicklung nicht ganz. Jedoch, der Glaube, dass auch er, mit dem Minimum an Schulbildung und mit seiner Herkunft, es „schaffen" könnte, wurde stärker. In diesem Sinne war der Kurs eine gute Investition. Weiterbildung fing an, ihm wichtig zu werden.
Er begann immer mehr Geld in Seminare zu investie-

ren, in welchen er meistens der jüngste Teilnehmer war. Das Verkaufen interessierte ihn besonders.

Unser erster Kontakt

In einem dieser Seminare lernten wir uns kennen. Da wir einige Gemeinsamkeiten hatten, blieben wir eine Zeit lang in Kontakt, verloren uns dann jedoch aus den Augen. Zu diesem Zeitpunkt studierte ich Psychologie.

Rene sah, welche verlockenden Möglichkeiten das Leben zu bieten hatte, und wurde in seinem Beruf unzufriedener. Ein Berufswechsel, etwa in den Verkaufsaußendienst, schien ihm jedoch zu riskant.

Den Kontakt zu seiner Familie hatte Rene mittlerweile ganz abgebrochen.

Rene war mittlerweile 25 Jahre alt und in einer Sackgasse gelandet. Den Sinn in seinem Leben hatte er noch nicht gefunden, außerdem suchte er nach einer Frau, mit der er seine Wünsche, Träume und Hoffnungen teilen könnte. Lichtblick war sein entdecktes Verkäufertalent und die Hoffnung, dass eine Chance auf ihn zukäme.

Die große Chance

Rene konzentrierte sich also darauf, eine Chance abzuwarten und zu nutzen. Als er eines Tages in der Tageszeitung blätterte, entdeckte er eine Anzeige mit dem vollmundigen Titel „Auch du kannst es schaffen – Millionär in 5 Jahren". Da es ihm allerdings unrealistisch erschien, in fünf Jahren eine Million zu verdienen, blätterte er weiter ...

„Da ist sicher etwas faul", dachte er. Doch der Gedanke ging ihm von nun an nicht mehr aus dem Kopf:

„Wie, wenn es nun doch so eine Möglichkeit gäbe, die mir bisher noch unbekannt ist?“ Die Gedanken beflügelten ihn. Er erinnerte sich wieder an seine alten Träume vom Reichtum.
Also telefonierte er: Um was es denn gehe, was er tun müsse, waren sofort seine Fragen.
„Das kann ich Ihnen nicht so einfach am Telefon erklären“, sagte eine nüchterne sachliche Stimme. Er müsse sich einen Tag Zeit nehmen und eine Schutzgebühr von 100.- Franken bezahlen.
Jetzt war ihm klar: „Millionär wird der andere, wenn er nur 10.000 Leute findet, die ihm diese Schutzgebühr von 100.- bezahlen. Nur 100,- pro Tag. Ganz schön schlau, doch höchst unseriös“, dachte er sich.
Eine so clevere Idee, jedoch ohne andere zu betrügen, die müsste er haben. Doch dann kam ihm wieder in den Sinn – der Unbekannte sagte, er müsse sich einen Tag Zeit nehmen. „Was geschieht wohl an diesem Tag?“, überlegte sich Rene. 100.- Franken Verlust könnte er sich gerade noch leisten. Er entschloss sich, an der geheimnisvollen Informationsveranstaltung teilzunehmen.
Über 100 Personen warteten gespannt in dem großen Konferenzraum im Hotel Hilton. „Die wollen alle Millionäre werden?“, fragte sich Rene, „gibt es denn so viele Millionen?“
Ein gut gekleideter älterer Mann um die 50 betrat die Bühne und begann zu erzählen, wie Banken und Versicherungen ihr Geschäft machen und das große Geld verdienen. Der Referent und dessen Firma erschienen seriös.
Rene war von den theoretischen Verdienstmöglichkeiten beeindruckt. Die Million erschien ihm immer rea-

listischer, und jetzt wurden einige Menschen präsentiert, die es schon geschafft hatten: Ein Bäcker, eine Sekretärin, ein Frisör und sogar ein Arzt gehörten zu den erfolgreichsten. Als auch noch ein Jurist präsentiert wurde, der es ebenfalls geschafft hatte, dachte Rene: „Das muss ja seriös sein." Lebensversicherungen und Sparpläne mit der nötigen Ausbildung und Unterstützung zu verkaufen, das traute er sich zu.

Das war noch nicht alles

„Die größten Chancen haben selbstständige Unternehmer", erklärte der Referent, „und Unternehmer müssen erst mal investieren, sagen wir 10.000,- Franken: in Infrastruktur, Ausbildung, Know-how etc." Auch das erschien Rene logisch. Von der ehemaligen Sekretärin, die es geschafft hatte und die inzwischen Führungskraft war, wurde Rene aufgefordert, sich zu entscheiden, ob er denn nun auch dabei sein wolle. Dass er erst eine Nacht darüber schlafen müsse, antwortete er und versuchte Zeit zu gewinnen. „Bei einer solchen Chance eine Nacht darüber schlafen?", sagte sie mit einem leicht vorwurfsvollen Unterton. „Wenn du schon diese Entscheidung vor dir herschiebst, dann schiebst du auch den Erfolg vor dir her!" Das saß. Eigentlich wolle er ja, doch wüsste er nicht, woher er die Investition nehmen solle, vertraute er sich ihr an. „Wo ein Wille ist, ist auch ein Weg", kam prompt die Antwort. Dass er dazu gedrängt wurde, sich sofort zu entscheiden, kam ihm schon etwas komisch vor, doch die Argumente waren absolut einleuchtend. War seine Überzeugung: „immer eine Nacht darüber schlafen" etwa falsch? War sie gar der Grund, weshalb er in seinem Leben noch nicht weitergekommen war?

Rene wollte sich diese Chance nicht entgehen lassen, raffte allen Mut zusammen und ging erneut zu seinem Banker. Doch diesmal reichte sein Talent nicht aus. Auch mit seinem guten Verhandlungsgeschick bekam er nur 5000.- Franken von der Bank. Also musste er sich noch 5000.- Franken woanders borgen.
Wer kam für ein Darlehen in Frage? Der Mann seiner Schwester? Nein, auch das war innerhalb der Familie, und was würde geschehen, wenn er scheitern würde? Schließlich borgte er sich bei einem Arbeitskollegen das restliche Geld.

Die große Karriere
Voller Euphorie und Begeisterung ging er an die neue Aufgabe heran. Er belegte sofort alle Kurse, die es innerhalb der Organisation zu belegen gab. Viel Ausbildung über Produkte, jedoch auch Verkaufsschulungen und viele Tipps und Tricks, wie man Kunden überzeugt. Am meisten begeisterten ihn die Persönlichkeits-Seminare. Innerhalb von drei Wochen hatte er sich das wichtigste Wissen angeeignet und durfte nun auf „Kundenfang“ gehen. Er war hungrig und konnte es kaum abwarten. In seinem Bekanntenkreis hatte er bereits viele Termine ausgemacht.
Auf Menschen zuzugehen und sie von einem Produkt zu überzeugen fiel ihm leicht. Er schrieb einen Vertrag nach dem anderen, und abends vor dem Einschlafen rechnete er seinen Verdienst aus. Schon bald verdiente er nebenberuflich mehr als in seinem Hauptberuf, was sein Selbstvertrauen enorm stärkte und ihn zu noch höheren Leistungen antrieb.
Nach drei Monaten war Rene bereits die Nummer 1 in

seinem Gebiet. Und das neben seinem Beruf. Natürlich war er in jeder freien Minute unterwegs. Sein Verdienst übertraf bald sogar das theoretische Verdienstbeispiel, das ihm bei der ersten Begegnung an der Informationsveranstaltung vorgerechnet worden war. Dies gab ihm viel Vertrauen in die Organisation und in sich selbst. Er war kaum mehr zu bremsen. Äußerte jemand Bedenken, wischte er sie vom Tisch, denn er selbst war ja der Beweis, dass es funktionierte.

Endlich finanziell unabhängig

Innerhalb weniger Wochen holte Rene seine Investition wieder herein. Er konnte seinem Arbeitskollegen das geliehene Geld mit 10 % Zins zurückzahlen, und auch die Bank bekam das geliehene Geld vorzeitig zurück. Der überragende Erfolg ermutigte ihn, seine sichere Anstellung bei der Eisenbahn zu kündigen.

Rene und auch seine neuen Kollegen fragten sich, worauf dieser Erfolg zurückzuführen sei. War er ein Naturtalent mit besonderen Fähigkeiten oder war dieser Erfolg etwa auf die in der Vergangenheit besuchten Seminare zurückzuführen?

Kaum war Renes Kündigungsfrist bei der Bahn um, wurde er als Supertalent in das Management der Organisation berufen. Er bekam neue, zusätzliche Aufgaben. Er durfte neue Mitarbeiter einstellen und eine eigene Gruppe führen. Seine Karriere ging nun weiter steil nach oben, seine Verkaufsmannschaft und somit auch sein Verdienst wurden immer größer. Zwar wusste er nicht, wie er seine Mitarbeiter führen sollte, aber er steckte sie mit seiner Begeisterung an.

Und wieder der Porsche

Endlich wieder einen Porsche fahren, diesmal einen neuen und nicht auf Kredit, das war sein aktueller Traum. Ein eigenes Haus der nächste und dann der größte: es seinem Vater zu zeigen und ihm zu beweisen, dass er es ohne ihn geschafft hatte.
All das ging in Erfüllung. Es schien, als hätte er alles in seinem Leben erreicht. Er verdiente sehr viel Geld. Manuela war seine neue Freundin. Sie arbeiteten schon bald zusammen und waren ein Superteam.

Der große Tag

Am Sonntagmorgen fuhr er mit seinem nagelneuen Porsche bei seiner Familie vor. Freudiges Wiedersehen und natürlich großes Erstaunen, was passiert war. Eine Genugtuung für Rene. Sein Vater war zwar stolz auf den Erfolg seines Sohnes, doch er war skeptisch. Alle waren zufrieden. Rene hatte seine Anerkennung.

Das süße Leben

Über zwei Jahre ging das nun schon so. Rene wurde definitiv zum Gruppenleiter ernannt, was ihm noch mehr einbrachte. Er und Manuela arbeiteten sehr viel, und in der freien Zeit genossen sie das Leben in vollen Zügen. Malediven, Gran Canaria, Karibik und natürlich Mauritius hatten sie mittlerweile besucht. Tolle Klamotten, Schmuck, Essen in den feinsten Lokalen, das war selbstverständlich. Doch darunter litt die Gesundheit. Zu oft Fast Food, minimale körperliche Bewegung, Alkohol und Zigaretten. Rene nahm schnell zu. Er hatte fast 20 kg Übergewicht. Damit konnte er leben, denn meistens fühlte er sich gut und hatte (noch) keine gesundheitlichen Beschwerden.

Die Wende

Er hatte sich bereits an den Erfolg gewöhnt. Rene und Manuela sprachen über eine Heirat und von Kindern, denen sie ein gutes Leben bieten wollten. Ein anderes, als Rene es in seiner Kindheit erlebt hatte. Seine Kinder sollten nicht benachteiligt sein, sollten alle Möglichkeiten haben und von Anfang an die besten Schulen besuchen. Und vor allem nicht religiösen Zwängen ausgesetzt sein, so wie er damals.

Langsam aber stetig jedoch gingen die Umsatzzahlen zurück. Zuerst hielt er das nur für eine vorübergehende Schwankung, wie er sie schon öfter erlebt hatte, und nicht für einen Anlass zur Sorge.

Doch diesmal war es anders: Die Zahlen gingen weiter zurück, und schon bald war er nicht mehr der „Starverkäufer", nicht mehr das große Vorbild. Es wurde harziger, die Kunden waren nicht mehr so einfach zu überzeugen, stellten mehr kritische Fragen und waren misstrauischer. Auch seine Mitarbeiter schienen weniger motiviert, und sie jetzt erfolgreich zu führen, damit war Rene definitiv überfordert. Seine Erfolgsquote sank und damit auch die der ganzen Gruppe inklusive Manuela, die ebenfalls in seiner Gruppe tätig war.

Die Krise

Der Unternehmensleitung war dies auch aufgefallen und er wurde zu einem persönlichen Gespräch gebeten. Rene war felsenfest davon überzeugt, dass der Umsatzrückgang nur am Produkt liegen könne. Sein Einsatz war mindestens so hoch wie früher. Die Geschäftsleitung war da anderer Meinung: Rene hatte nicht mehr das Leuchten in seinen Augen, die Begeisterung war nicht mehr da, er war satt, er hatte „Fett angesetzt". Mit seinem immer noch hohen Verdienst konnte er sich jedoch weiterhin alle materiellen Wünsche erfüllen.

Das Gespräch mit der Geschäftsleitung verunsicherte Rene stark, und es kamen immer mehr Zweifel in ihm auf. Lag es wirklich nicht am Produkt? Lag es etwa tatsächlich an ihm? Er hörte von Kunden ja öfter, dass der Preis zu hoch sei, und auch ein Bericht einer Fachzeitschrift kritisierte das Produkt hart.

Noch einmal versuchte er, alles zu geben, und kurzfristig wurden seine Zahlen auch wieder besser. Doch ein weiterer Pressebericht, der sich sehr kritisch über die Organisation und dessen Produkt äußerte, machte seinen Einsatz sehr schnell wieder zunichte.

Die Diskussionen mit seinem Mitarbeiterteam und den Kunden über die Produkte und die Organisation wurden immer intensiver, und Rene war die Hälfte seiner Zeit damit beschäftigt, sich zu rechtfertigen. Demzufolge gingen seine Umsatzzahlen weiter dramatisch zurück. Die Konflikte mit seiner Lebenspartnerin wurden häufiger, sein Selbstvertrauen sank und er verzweifelte mehr und mehr. Alles schien ausweglos.

Nun wurde auch das Geld knapper. Mittlerweile leistete sich Rene einen großen Fixkostenapparat: ein großes Büro mit Sekretärin und Besprechungsraum, mehrere Autos, teure Partys, Reisen etc.

Am Ende

„Was nun?", überlegte sich Rene in schlaflosen Nächten und diskutierte mit Manuela. Alles aufgeben und zurück

zur Eisenbahn? Unmöglich! Seinen Lebensstandard könnte er so unmöglich aufrechterhalten. In seinem Freundeskreis würde er sein Gesicht total verlieren. Weitere Gespräche mit der Geschäftsleitung ergaben nichts und die Suche nach anderen Möglichkeiten blieb erfolglos.
Was war geschehen? Bis zu diesem Zeitpunkt hatte sich Rene nie die Zeit genommen, den Markt genauer unter die Lupe zu nehmen, und was noch viel schlimmer war: Rene hat seine Persönlichkeit nicht weiterentwickelt. Sein Selbstvertrauen kam und ging mit dem materiellen Erfolg. Der gleiche Rene, der vor einem Jahr noch vor Selbstvertrauen gestrotzt und auf der Bühne vor Hunderten von Menschen seine Erfolgsgeschichte erzählt hatte, war zu diesem Zeitpunkt wieder dort, wo er damals war, als wir uns kennen lernten.

Die Ernüchterung

Rene erinnerte sich wieder an die „Tellerwäscher-Storys“. Was hatte er falsch gemacht? Persönlichkeitsentwicklung hieß es dort immer wieder. Er erinnerte sich daran, auch an mich und nahm Kontakt mit mir auf. Das passte, denn mittlerweile hatte ich mich auf Seminare zur Persönlichkeitsentwicklung und Erfolgs-Training spezialisiert.

Der gemeinsame Weg

Hier begann unser gemeinsamer Weg. Ich machte ihm den Vorschlag, ihn zu coachen und ihm weiterzuhelfen. Er willigte mit Freude ein. Aber er könne mich nicht bezahlen. Das Geld war zum größten Teil ausgegeben,

und das, was noch da war, reichte gerade noch für etwa zwei Monate. Wir vereinbarten ein Minimalhonorar und eine Erfolgsbeteiligung, was sich für uns beide lohnen sollte, denn ich war motiviert, ihn zu Höchstleistungen anzutreiben, und er wollte wieder nach oben.
Zuerst analysierten wir zusammen seine Lage, beruflich wie privat, sowie seinen psychischen und physischen Zustand. Das Geld war ausgegeben, also musste er zuallererst ein gewisses Einkommen sicherstellen. Das Vertrauen in seine Organisation hatte er verloren, immer häufiger war negatives in der Presse darüber zu lesen. Er traf eine klare Entscheidung: Er rang sich durch, die Organisation zu verlassen, und fühlte sich so befreit und bereit für neue Wege.

Der Plan

Schritt 1: Sofort alle Fixkosten auf ein Minimum reduzieren
Der Porsche musste einem 3er-BMW weichen. Das Büro musste aufgelöst werden. Für den Neustart reichte ein kleines Zimmer in seinem Haus. Die Mitarbeiter wurden entlassen. Ich verschaffte Rene eine feste Anstellung im Außendienst bei einem Unternehmen, das ich gut kannte und das bereit war, ihm eine Chance zu geben.
Das alles war sehr schwer für Rene. Viele seiner „Freunde“ wandten sich von ihm ab. Er war kaum weiter als noch vor einigen Jahren und verdiente einen Bruchteil dessen, was er in seinen Spitzenzeiten erreicht hatte.

Schritt 2: Die private Situation
Wir mussten klären, wie seine Lebenspartnerin in dieser neuen Situation zu ihm stand. Er versicherte mir, dass er sie über alles liebe. Auch Manuela liebte Rene, und die beiden kamen sich noch viel näher als je zuvor. Jetzt war klar, dass es sehr wichtig war, seine Manuela voll und ganz in das Coaching mit einzubeziehen.

Schritt 3: Wie weiter?
Was wollten die beiden in ihrem Leben, was war wirklich wichtig? Dieser Prozess nahm einige Zeit in Anspruch. Rene hatte Verkaufstalent und einiges an Erfahrung, Manuela besaß organisatorische Fähigkeiten und eine kaufmännische Grundausbildung. Diese beiden Elemente ließen gut verbinden. Doch fehlte beiden die Erfahrung als Unternehmer und die selbstbewusste, gereifte Persönlichkeit, die für den weiteren Weg notwendig war. Weder Manuela noch Rene hatten jemals eine Firma selbst aufgebaut.

Schritt 4: Das Wichtigste zuerst
Persönliche Weiterentwicklung und Aufbau von Selbstvertrauen waren die zwei wichtigsten Elemente, die jetzt in Angriff genommen werden mussten. Das fehlende unternehmerische Know-how konnte später „dazugekauft“ werden.
Wir erstellten gemeinsam einen Ausbildungsplan, in dem genau festgelegt wurde, wann welche Seminare besucht werden, welche Bücher zu lesen und welche Hörbücher während der Zeit im Auto zu nutzen seien. Auch die Gesundheit wurde geplant. Zuerst ein Seminar über richtige Ernährung und Bewegung, was für

Rene allerdings schwer umzusetzen war, da es ihm an Selbstdisziplin fehlte.
Doch mit der Unterstützung von Manuela ging es in minimalen Schritten vorwärts.

Die zweite Karriere

Renes neuer Arbeitgeber unterstützte unseren Plan und beteiligte sich an den Ausbildungskosten. Es sollte sich lohnen. Zwar hatte Rene nicht mehr die Freiheit, selbst bestimmen zu können, doch er lebte sich schnell in den neuen Job, Werbung zu verkaufen, ein.
Unsere Vereinbarung sah alle zwei Wochen ein Treffen vor. Ebenfalls hatten wir vereinbart, dass er keine Schritte ohne unserer Absprache unternähme, bis er wirklich über den Berg war.

Der kurzfristige Übermut

Die neue Situation und vor allem die Seminare machten ihn wieder hungrig, er wollte mehr. Er träumte davon, wieder eigener Herr und Meister zu sein, und spielte immer wieder mit dem Gedanken, sich selbstständig zu machen. Ich erinnere mich noch genau an das eine Treffen, an welchem er mir eröffnete, er könne auf selbstständiger Basis mit genau der gleichen Tätigkeit und dem gleichen Produkt viel mehr Geld verdienen.
Ich versuchte mit allen Mitteln, ihn zurückzuhalten. Er müsste sich eine neue Infrastruktur aufbauen, die Zeit und vor allem Geld in Anspruch nähme, und vor allem Letzteres hatte er nicht. Ein Kredit zu diesem Zeitpunkt war meiner Meinung nach viel zu riskant.

Ausschlaggebend war jedoch, dass er nicht mehr unter dem renommierten Markennahmen hätte auftreten können und die Unterstützung in Werbung und Marketing wegfiele.
Außerdem war sein neuer Arbeitgeber ein Freund von mir, und es wäre nicht schön gewesen, wenn Rene nur die Ausbildung genossen und sich anschließend aus dem Staub gemacht hätte. Wir drei hätten alle verloren. Also kam es darauf an, andere Wege zu finden.

Das neue Ziel
Eine erneute und genaue Zieldefinition erschien mir angebracht. Rene wollte sich früher oder später selbstständig machen. Also versuchten wir es mit einem Karriereplan. Sein Arbeitgeber war damit einverstanden, ihn zum Verkaufsleiter zu ernennen, wenn er einen gewissen Umsatz erreicht und bewiesen hatte, dass er in der Lage war, Menschen zu führen und zu motivieren. Rene absolvierte eine Führungsausbildung, wo er die wichtigsten Führungselemente kennen lernte und auf seine neue Aufgabe vorbereitet wurde.

In Hochform
Die neue Perspektive beflügelte ihn. Er lief zur Hochform auf. Die Aussicht, wieder wesentlich mehr zu verdienen, war für ihn nach wie vor eine starke Motivation. Es war wieder da: das Leuchten in seinen Augen.
Ein gutes Jahr später war er wieder die Nummer 1. Es gelang ihm sogar, den Umsatzrekord zu brechen. Er strotzte vor Selbstvertrauen.

An der Spitze

Natürlich wurde er Verkaufsleiter und konnte so drei seiner ehemaligen Mitarbeiter einstellen. Er schweißte die Verkaufsmannschaft so zusammen, dass immer wieder neue Umsatzrekorde erreicht wurden. Er unternahm viel mit seinen Mitarbeitern und besuchte gemeinsam mit ihnen Seminare. Rene war nicht nur ein Spitzenverkäufer, seine Führungsausbildung machte sich ebenfalls bezahlt: Es gelang ihm, seine Mitarbeiter zu fördern. Diesmal hatte er sich ein richtiges Fundament geschaffen, sodass er später sogar Mitglied der Geschäftsleitung wurde. Auch privat lief es gut: Er und Manuela hatten einen Sohn.

Der Schock

Manuela rief mich an mit der schlimmen Nachricht, dass Rene im Krankenhaus sei: Herzinfarkt! Und das in diesen jungen Jahren. Doch wen wunderte es? Er hatte in der letzten Zeit Fast Food und Zigaretten konsumiert und wenig Sport getrieben. „Mist", dachte ich mir, „du hast es nicht geschafft, ihn zu einer gesünderen Lebensweise zu bewegen. Musste es wirklich so weit kommen, damit er begreift, auch diesen Teil seines Lebens endlich in Angriff zu nehmen?"

Bei meinem Besuch im Krankenhaus sagte er mir mit leiser Stimme: „Nun habe ich verstanden, was du mir immer zu sagen versuchst: Was nützt mein Erfolg, wenn es morgen mit mir vorbei ist ..."

Ich glaube, das war das erste Mal, dass sich Rene ernsthaft Gedanken über den Sinn seines Lebens machte. Er erkannte: Die Gesundheit konnte er sich nicht einfach kaufen.

Die radikale Veränderung
Rene war genesen. Unsere nächste Besprechung ergab Folgendes:

Plan 2:

Schritt 1
Das Rauchen wird sofort mit professioneller Hilfe aufgegeben.

Schritt 2
Er besucht noch einmal mit Manuela zusammen ein Seminar über richtige Ernährung und Bewegung.

Schritt 3
Fast Food ist tabu, und auch zu Hause wird die Küche total umgestellt (obwohl Manuela fast alles essen kann).

Schritt 4
Rene beginnt, täglich Ausdauersport zu betreiben. Zuerst langsam, natürlich im richtigen Pulsbereich. Gemäß ärztlicher Beratung.

Schritt 5
Er sucht 2-mal wöchentlich ein geeignetes Fitnessstudio auf.

Schritt 6
Diesmal gelang es ihm auch, sich an diesen Plan zu halten, denn er hatte ein Motiv:
Er wollte leben, und das noch lange.

Der nächste Schock

Kaum hatte sich Rene von seinem Herzinfarkt erholt, erlitt er einen schweren Motorradunfall. Mehrere Knochenbrüche, ein Schädelbruch und diverse Quetschungen fesselten ihn erneut ans Krankenbett.
Auch mit dieser Situation musste er klarkommen. Seine Wut auf den Verursacher des Unfalls war sehr groß, und er fragte sich ständig, warum das ausgerechnet ihm passiert war.

Unsere Besprechung ergab Folgendes:

1. Du kannst nichts ungeschehen machen.
2. Der Autofahrer hat es nicht mit Absicht getan, für ihn war das mindestens genau so schlimm.
3. Über das „Warum" zu grübeln, bringt nichts. Entscheidend ist die Frage, wie Rene so schnell wie möglich wieder auf die Beine kommt. Ich konnte ihn dazu bewegen, sich von einem Coach, der darauf spezialisiert war, die mentalen Selbstheilungskräfte zu aktivieren, helfen zu lassen.

Hört das denn nie auf?

Als er auf dem Weg der Besserung war, erreichte ihn die Nachricht, dass seine Mutter an Krebs erkrankt war. Es war unsicher, wie lange sie noch zu leben hätte. Rene packte das schlechte Gewissen. Er hatte nur noch sehr wenig Kontakt zu seinen Eltern.

Und wieder die Familie

Sein Unfall und die Nachricht von der Krebserkrankung seiner Mutter veranlassten ihn, über sein Leben

nachzudenken. Er beschloss, in Zukunft viel mehr Zeit mit seiner Familie zu verbringen.
In der nächsten Besprechung empfahl ich ihm, ein klärendes Gespräch mit seinem Vater zu führen. An einem neutralen Ort und in aller Sachlichkeit. Der Vater müsse akzeptieren, dass Rene sich nicht mit seinem Glauben anfreunden könne. Renes Vater versicherte, dass er es zumindest versuchen wolle und es unterlassen werde, seinen Enkel zu beeinflussen.
In dieser Zeit bekam Manuela ein weiteres Baby: Natalie.
Beruflich konnte Rene sich in die Firma einkaufen und wurde Teilhaber des Unternehmens. So erfüllte sich auch sein Traum vom eigenen Unternehmen. Er engagierte mich für sein Unternehmen, welches ich seit dieser Zeit strategisch berate.

Alexander der „Frechdachs“

Geprägt durch seine eigenen Kindheitserfahrungen erzog Rene seinen Sohn genau anders, als er selbst erzogen worden war. Alexander hatte viele Freiheiten, die neuesten und besten Spielzeuge, die neuesten Computerspiele und ein eigenes Handy. Er war sehr selbstbewusst. Doch in der Schule gab es Probleme. Er machte, was er wollte, und wenn er nicht mehr weiterkam, drohte er mit seinem Vater. Unsere nächste Besprechung fand dann zusammen mit Manuela statt. Diesmal war Alexander das Hauptthema.
Nachdem mir die beiden ausführlich ihre Sorgen mit Alexander geschildert hatten, machten wir folgenden Plan:

1. Alexander muss gefordert werden, nicht nur den Sohn eines erfolgreichen Unternehmers spielen. Er muss stärker geführt werden, denn ganz ohne Autorität geht es nicht.
2. Es muss genau abgeklärt werden, welche besonderen Talente und Anlagen Alexander hat. Ist es vielleicht Sport, eher Musik oder etwas anderes?
3. Sprachen sind wichtig, daher: so schnell wie möglich einmal pro Woche eine Stunde in einen Englisch- und eine Stunde in einen Spanischunterricht gehen.

Erfreulicherweise hat sich das alles sehr schnell verbessert, weil auch Rene bewusst wurde, dass nicht alles an seiner eigenen Kindererziehung verkehrt war und es ihm immer besser gelang, auch einmal Nein zu sagen.

Happy End?

Heute ist Rene 46 Jahre alt, zweifacher Familienvater und stolzer Mitbesitzer eines erfolgreichen Unternehmens mit über 300 Mitarbeitern. Er wohnt in einer Villa mit Seesicht und ist natürlich Besitzer eines Porsche Turbo, dem neuesten Modell, wie er mir versicherte.
Vorrausichtlich übernimmt er im nächsten Jahr den Vorsitz der Geschäftsleitung, sodass wieder viel Neues auf ihn zukommen wird und er vieles zu lernen hat. Diesmal mehr im Bereich Strategie, Visionen, Positionierung etc. Zurzeit absolviert er gerade einen Lehrgang in Unternehmensführung.
Es scheint, dass er es diesmal definitiv geschafft hat. Ich bin gespannt, welche Herausforderungen noch auf Rene bzw. mich zukommen und wie wir sie gemeinsam meis-

tern. Eines ist klar: Probleme und Herausforderungen wird es immer wieder geben. Doch entscheidend ist, was wir daraus machen und was wir daraus lernen. Zurzeit spielt er gerade mit dem Gedanken, politisch aktiv zu werden. Das wird das Hauptthema unserer nächsten Besprechung sein. Denn ich befürchte, seine Motive könnten zu wenig sachlich sein. Rene steht nun einmal gerne im Mittelpunkt. Das Zeug zum Politiker jedoch hat er.

2. Die 3 Schlüssel zu einem erfolgreichen Leben

2.1 Der erste Schlüssel: Die klare Entscheidung

David war so ein Typ, der einen wirklich wahnsinnig machen konnte. Er war immer guter Laune und hatte immer etwas Positives zu sagen. Wenn ihn jemand fragte, wie es ihm ginge, antwortete er: „Fantastisch!" Er war der geborene Optimist. Wenn er am Morgen aufwachte, sagte er sich: „Du hast zwei Möglichkeiten. Du kannst wählen, ob du guter oder schlechter Laune sein willst. Und ich will eben guter Laune sein. Jedes Mal, wenn etwas passiert, kann ich selbst wählen, ob ich der Leidtragende einer Situation sein will oder ob ich etwas daraus lerne. Jedes Mal, wenn jemand zu mir kommt, um sich zu beklagen, kann ich sein Klagen entweder akzeptieren, oder ich kann auf die positive Seite des Lebens hinweisen. Ich habe die positive Seite gewählt. Denn das Leben besteht aus lauter Auswahlmöglichkeiten." Du entscheidest, wie du auf gewisse Situationen reagieren willst. Du kannst wählen, wie die Menschen deine Laune beeinflussen. Mein Motto ist: Du entscheidest darüber, wie du dein Leben führen willst.
Als David einen Unfall hatte – er stürzte von einem Turm hinunter –, wusste er, er hatte zwei Möglichkeiten: „Ich kann wählen, ob ich leben will oder sterben." Die Sanitäter haben wirklich gute Arbeit geleistet. Sie hörten nicht auf, ihm zu sagen, dass es ihm gut ginge. Aber als sie ihn in die Notaufnahme rollten, sah er den Gesichts-

ausdruck der Ärzte und Schwestern, der sagte: „Er ist ein toter Mann." Als ihn die Aufnahmeschwester mit lauter Stimme befragte und wissen wollte, ob er auf irgendetwas allergisch sei, brüllte er: „Auf Schwerkraft!"
Während das ganze Team lachte, erklärte er ihnen: „Ich entscheide mich, zu leben. Also operieren Sie mich so, als wäre ich lebendig, und nicht, als wäre ich tot."
David überlebte dank der Fähigkeit seiner Ärzte, aber auch wegen seiner bewundernswerten Einstellung. Von ihm lernen wir, dass wir an jedem Tag die Wahl haben, in vollen Zügen zu leben oder eben nicht.

Die Einstellung ist alles

Sorge dich nicht um das, was morgen sein wird. Das Heute ist das Morgen, über das du dir gestern Sorgen gemacht hast. Genieße das Leben, denn es ist das Einzige, das du hast!

Ganz oder gar nicht

„Ein bisschen schwanger gibt es nicht" – diesen Spruch hast du sicher auch schon gehört. Genau so ist es auch in der Erfolgspraxis. Hast du schon einmal versucht, ein bisschen abzunehmen? Ein bisschen das Rauchen aufzugeben? Natürlich funktioniert das nur ein bisschen! Ist das befriedigend?
Solange du dich nicht klar für einen Weg entschieden hast, bist du nicht motiviert, loszugehen. Außerdem fehlt dir die klare Orientierung, und ohne diese ist es schwer, sich auf etwas zu konzentrieren.
Zuerst musst du dir darüber klar werden, was dir wirklich wichtig ist, was du wirklich willst. Erst dann kannst du eine klare Entscheidung treffen.

Das, was du am liebsten tust, das kannst du in der Regel auch am besten.
Michael Schumacher ist ein wunderbares Beispiel dafür, was es heißt, etwas zu 100 Prozent zu machen: Obwohl er den siebten Weltmeistertitel bereits in der Tasche hatte, ließ er keinen Moment nach. „Es macht mir einfach Spaß, zu kämpfen und zu gewinnen." Wenn du die Siegerehrungen anschaust, dann erkennst du, wie sehr er sich auch noch heute über jeden Sieg freuen kann. Sein Manager hat es so ausgedrückt: „Michael Schumacher muss man nicht motivieren, er ist die Motivation selbst. Er strotzt vor Ehrgeiz und Selbstvertrauen, welches von seinen Kritikern ab und zu als Arroganz abgetan wird. Bei ihm ist die Wirkung seiner Motivation besonders groß, und er steckt auch sein Mechanikerteam damit an, und dieses läuft dann ebenfalls zur Höchstform auf."

Entscheide dich zu 100 %. Nicht zu 90 % oder 95 %. Denn nur dann bringst du auch die nötige Energie und Begeisterung auf.
Du musst es wirklich wollen! Erinnere dich an das Leuchten in Renes Augen. Du musst richtig hungrig sein.

So einfach ist es

Vielleicht gehörst du zu den Menschen, die glauben, sie hätten keine Wahl. Die Versuchung, dieses als Ausrede zu benutzen, ist groß, doch das ist nur ein gefährlicher Selbstbetrug. Du hast immer die Wahl! Du hast die Wahl, wohin du jeden Morgen gehst. Zur Arbeit oder ins Gefängnis? Wenn deine Firma ein Gefängnis ist, reiße die Mauern nieder. Sie bestehen ohnehin nur aus deinem Mangel an Selbstvertrauen. Nur Mut! Nichts zu tun ist in jedem Fall noch riskanter. Dann geht nämlich garantiert alles den Bach herunter.

Volle Konzentration

Wenn du dich entschieden hast, kommt es nun darauf an, dich auf das Wesentliche zu konzentrieren.
Für Unternehmer ist hierfür die EKS-Methode nach Mewes ein exzellenter Weg.

Exkurs: In 5 Schritten zur Nummer 1

Beschäftige dich mit diesen fünf Fragen immer wieder. Sie helfen dir, dich wirklich auf das Wesentliche zu konzentrieren!

Schritt 1 – Deine spezielle Stärke, dein USP

1. Sei anders als andere – werde einzigartig!
2. Baue deine Stärken gezielt aus – vernachlässige deine Schwächen!
3. Analysiere deine Ist-Situation – entdecke deine speziellen Stärken!

4. Identifiziere deine größten Stärken, und kombiniere diese zu neuen Leistungen!
5. Schärfe deinen Blick für neue Betätigungsfelder und Chancen!

Schritt 2 – Die Geschäftsfelder

1. Sind deine Stärken dein Schlüssel, dann ist das Geschäftsfeld das passende Schloss!
2. Sei lieber auf einem kleinen Geschäftsfeld der Erste als woanders der Zweite!
3. Was du gut und gerne tust, das macht dich auch erfolgreich!
4. Je enger du dein Geschäftsfeld definierst, desto schneller wird dein Erfolg sichtbar!
5. Du kannst beliebig wachsen, wenn du deinen Stärken treu bleibst!

Schritt 3 – Die Zielgruppen

1. Zielgruppen sind Menschen mit den gleichen Problemen oder Bedürfnissen!
2. Konzentriere dich auf eine Zielgruppe und deren besonders brennende Probleme!
3. Differenziere deine Zielgruppe eindeutig, d. h. so klein und homogen wie möglich!
4. Werde zum besten und stärksten Problemlöser deiner Zielgruppe (= Marktführer)!
5. Bleibe im ständigen Dialog und verbessere deine Leistungen (Feedback als Lernprozess)!

Schritt 4 – Das Problem der Zielgruppe

1. Denke echt kundenorientiert. Betrachte alles aus der Sicht deiner Zielgruppe!

2. Konzentriere dich in deinen Aktivitäten auf das brennendste Problem deiner Zielgruppe!
3. Tritt in einen ständigen Dialog mit deiner Zielgruppe!
4. Entscheidend ist allein, welches Problem die Zielgruppe für ihr wichtigstes hält!
5. Nach der Lösung des brennendsten Problems widme dich konsequent dem nächsten!

Schritt 5 – Die Kooperations-Strategien

1. Denke neu: Kooperation ist in der Regel erfolgreicher als Wettbewerb!
2. Kooperiere stets engpassorientiert – kaufe zeitweise externe Berater ein!
3. Suche ständig Kooperationspartner, um gemeinsame Synergien zu entwickeln!
4. Stelle eine hundertprozentige Übereinstimmung der Kooperationsziele sicher!
5. Vereinbare eine geistige Probezeit, bevor ihr zusammen finanziell investiert!

Richtige Zielsetzung und klare Ziele, die man auch erreicht, sind unerlässlich und äußerst wertvoll. Ziele sind die Realität von morgen. Ziele motivieren uns. Ziele helfen über die Zeiten der Routine und über Schwierigkeiten hinweg. Ziele ermöglichen uns und anderen, unseren Erfolg einzuschätzen. Denn nur wer weiß, was er will, weiß auch, ob er es erreicht hat oder nicht.

Die Power steckt in den Zielen

In einer Langzeitstudie der amerikanischen Universität

in Yale wurde 1953 eine Gruppe von Studienabgängern nach ihren Zielen befragt. Nur drei Prozent der Befragten hatten schriftlich festgelegte Ziele für ihr Leben und auch einen schriftlichen Plan, wie sie diese Ziele erreichen wollten. Zwanzig Jahre später wurden dieselben Personen wieder befragt. Das Ergebnis war überwältigend eindeutig. Die drei Prozent der Befragten, die sich zwanzig Jahre zuvor Ziele gesetzt hatten, waren entschieden erfolgreicher als die übrigen 97 Prozent der an der Untersuchung beteiligten Personen. Zum einen waren sie glücklicher und zufriedener mit ihrem Leben. Beeindruckend, dass diese drei Prozent auch finanziell erfolgreicher waren als die übrigen 97 Prozent zusammen. Das heißt, sie besaßen nach zwanzig Jahren, trotz finanziell gleicher Ausgangsbedingungen, mehr Geld und materiellen Reichtum als 97 Prozent der anderen Untersuchungsteilnehmer zusammen.
Dieses Beispiel zeigt deutlich, wie wichtig es ist, sich klare schriftliche Ziele zu setzen oder – wenn du schon Ziele hast – diese immer wieder zu aktualisieren. Das Wichtigste dabei ist die präzise und richtige Formulierung deiner Ziele.

Erinnere dich an Rene, mit dem es immer dann aufwärts ging, wenn er richtig hungrig war, wenn er wirklich wollte und sich klar für etwas entschieden hatte. Und immer dann, wenn er unsicher wurde und seine Ziele aus den Augen verlor, ging es bergab.
Er hatte mit der Zeit gelernt, wie wichtig es ist, sich klar für etwas zu entscheiden. Nicht vielleicht oder ein bisschen. 100 % Ja oder 100 % Nein. Das führte dazu, dass seine gesamte Konzentration und Energie genau in die Richtung ging, in die er wollte.

Nimm dir einen Moment Zeit und beantworte die folgende Frage:

Was ist mir in meinem Leben wirklich wichtig:

____

____

____

____

____

2.2 Der zweite Schlüssel: Das richtige Umfeld

Die tragische Geschichte von Peter S.

Einer meiner Freunde, Peter S., hatte sehr viel in seine Ausbildung und Persönlichkeit investiert. Er war auf dem besten Wege zu einem erfolgreichen Leben. Seine Partnerin, die er liebte, hatte die Einstellung eines Losers. (Es ist nicht böse gemeint, doch es ist das treffendste Wort.)

Natürlich war ihm das nicht bewusst, denn er sah in ihr seine Traumfrau. Wie wir ja wissen, sind wir in der „Verliebtheitsphase“ fähig, die Dinge genau so zu sehen, wie wir sie uns wünschen. Wir haben also durchaus halluzinierende Fähigkeiten. Sie heirateten und gründeten eine Familie. Das Glück schien perfekt zu sein. Zumindest nach außen.

Peter war ein freiheitsliebender Mensch. Sein größter Wunsch war es, sich selbstständig zu machen. Er hatte bereits eine gute Idee und ein Konzept. Außerdem wäre

das Ganze finanzierbar gewesen. Doch seine Frau warnte ihn immer wieder davor, was im Falle eines Scheiterns geschehen würde. Sie war sehr ängstlich und sah in allem das Negative. Sie hatte Angst, ihr Mann hätte dann nicht mehr so viel Zeit für die Familie. Also versuchte sie, ihn von seinem Ziel abzubringen. Sie lebte in der Illusion einer Sicherheit, die nicht wirklich da war.
Peter wurde immer mehr negativ angesteckt. Er begann, Risiken zu sehen, die er vorher nicht gesehen hatte. Da er ein guter Familienvater sein wollte, begnügte er sich mit dem Glaubensatz: „Du kannst halt nicht alles im Leben haben." Das ist aber eine sehr gefährliche und sehr einschränkende Überzeugung: Sie führt dazu, dass wir die Suche nach Möglichkeiten aufgeben. Er gab seinen Traum tatsächlich auf und ertränkte seine Unzufriedenheit im Alkohol. Die Folgen waren für alle Beteiligten fatal. Die Vorwürfe seiner Frau halfen hier nicht, denn die wirkliche Ursache lag ja woanders. Kein Mensch wird grundlos zum Trinker. Doch weil man den Grund nicht wahrhaben will – man müsste ja etwas ändern –, greift man lieber zu der beliebten Ausrede, es sei halt Veranlagung.

Äußere Einflüsse sind wesentlich stärker, als es uns bewusst ist. Unsere Partner, Freunde, Mitarbeiter, Kollegen etc. senden uns ständig und größtenteils unbewusste Signale.
Wir lernen am meisten durch Nachahmen, und das beginnt bereits in unserer Kindheit. Befindest du dich in einem negativen „Loserumfeld", ist es viel schwieriger, erfolgreich zu sein, als in einem Umfeld erfolgreicher und glücklicher Menschen.

Denke einmal darüber nach: Wäre es nicht sinnvoll, zuerst aus dem jetzigen Leben das Beste zu machen?

Dein/e Partner/in

Suche dir dein Umfeld sehr sorgfältig aus. Das beginnt schon bei deinem Lebenspartner. Du bist nicht verpflichtet, mit einem Menschen weiterhin zusammenzuleben, nur weil du schon zehn Jahre oder länger mit ihm zusammen bist. Damals passte der Partner vielleicht zu dir, doch du hast dich weiterentwickelt und dein Partner auch. Aber in die gleiche Richtung? Viele Menschen sind nur noch aus Gewohnheit zusammen oder weil sie Angst vor dem Alleinsein haben. Oft sind sie auch psychologisch oder materiell voneinander abhängig.
Eine Klientin sagte mir einmal: „Aber ich kann dann im Sommer nicht mehr den SL fahren und müsste auch auf das geliebte Haus verzichten."
Keine Angst: Ich will hier niemanden auffordern, den Partner zu verlassen, doch du musst dir bewusst sein, welcher Mensch den größten Einfluss in deinem Leben auf dich ausübt.

Gemeinsame Entwicklung

Eine Beziehung funktioniert nur dann langfristig gut, wenn sich beide Partner gemeinsam weiterentwickeln und sich gegenseitig unterstützen. Ansonsten entwickelt sie sich auseinander. Achte darauf, dass du gemeinsam mit deinem Partner Weiterbildungsveranstaltungen besuchst. Manche Institute bieten Vergünstigungen für Lebenspartner an. Dabei ist hier nicht in erster Linie die fachliche Weiterbildung gemeint, sondern die Persönlichkeitsentwicklung. Die gemeinsame Diskussionsgrundlage, die so entsteht, ist auf allen Ebenen vorteilhaft.

Die engsten Freunde

In meiner Jugendzeit hatte ich einen Freund, der einige Jahre älter war als ich. Er war für mich in vielerlei Hinsicht ein Vorbild, denn er hatte in etlichen Dingen bereits Erfahrungen, die für mich neu waren. Er gab mir gerne Tipps und Ratschläge, zum Beispiel, was Frauen betraf. Ich übernahm ohne die nötige kritische Prüfung vieles von seiner Einstellung. Ich war ihm dankbar. Doch was ich damals noch nicht wusste: Er hatte die Einstellung eines Losers. Damit beeinflusste er mich negativ. Das stellte ich erst viel später fest. Als wir uns nach drei Jahren wieder trafen, wurde mir das erst richtig bewusst: Er hatte sich überhaupt nicht weiterentwickelt, weder beruflich noch privat. Er hatte die gleichen Sprüche drauf wie früher und war überzeugt, das Leben sei halt so und ließe sich nicht ändern. Obwohl er einmal ein sehr guter Freund war, entschloss ich mich, keinen Kontakt mehr mit ihm zu halten. Nur weil jemand früher einmal ein Freund war, sind wir ihm noch lange nicht verpflichtet. Nur weil jemand mit uns verwandt ist, müssen wir unser eigenes Leben nicht aufgeben.

Erinnere dich an Rene: Er hatte sich unbewusst zu seinem Vorteil von seiner Familie distanziert, weil er sich nicht verstanden fühlte.

„Wenn du mit Hunden ins Bett gehst, wundere dich nicht, wenn du mit Flöhen aufwachst!“ Dieser einprägsame Satz macht uns bewusst, wie wichtig es ist, darauf zu achten, mit wem und womit wir unsere kostbare Zeit verbringen. Sind es denn wirklich Freunde, wenn sie uns nur „herunterziehen“?

Hüte dich vor Verführern

Verführer sind Menschen, die dir ein Seelenheil versprechen, ohne dass du etwas dazu leisten musst. Wenn etwas funktionieren soll, nur weil du daran glaubst, sei vorsichtig. Natürlich kann Glaube Berge versetzen, aber nur dann, wenn die entsprechenden Taten folgen. Der Glaube an dich und deine Fähigkeiten ist eine wichtige Voraussetzung für deinen langfristigen Erfolg, doch das alleine reicht bei weitem nicht aus.

Mache es dir recht!

Viele Menschen versuchen, es allen recht zu machen. Doch das bringt dich nicht weiter. Du sollst es vor allen Dingen dir selbst „recht machen“. Sei im positiven Sinne ein Egoist. Nur als Egoist kannst du wirklich glücklich sein. Dabei darf es jedoch nicht auf Kosten anderer gehen. Viele Menschen sagen uns, Egoist zu sein, sei etwas Schlechtes. Doch genau diese Menschen missbrauchen oft unsere Zeit und Lebensqualität, indem sie uns mit ihren negativen Geschichten und Erlebnissen belästigen. Und wir haben gelernt, aus Anstand zuzuhören. Entscheide du, was dir wichtiger ist: scheinbarer Anstand oder deine Lebensqualität. Versuche das nächste Mal, wenn du in eine solche Situation kommst, sofort das Gespräch in eine andere Richtung zu lenken, nämlich in eine positive.

Beeinflusse dein Umfeld, so gut es nur geht. Schaffe eine positive Stimmung um dich herum. Distanziere dich von destruktiven Menschen! Distanziere dich ebenfalls von den Menschen, die nichts anderes tun, als dich lediglich zu kritisieren, denn das ist Gift für dein Selbstvertrauen.

Hüte dich vor Schlaumeiern, Besserwissern und Menschen, die sich einbilden, die Wahrheit zu kennen. Nimm Feedback von denen entgegen, die selbst und nachweisbar erfolgreich sind, Menschen, die wirklich wissen, um was es geht.

„Informationsmüll“

Distanziere dich von negativen Nachrichten, denn das führt dazu, dass du ängstlich wirst. Füttere dein Gehirn mit Qualität und nicht mit „Informationsmüll“. Er reicht absolut, wenn wir einmal am Tag erfahren, was alles schief läuft auf dieser Welt.

Noch schlimmer als die Nachrichten ist allerdings unsere Unterhaltungskultur. Vor allem die so genannten „Psychotriller“ und Zombiefilme. Mit welchen Informationen speisen wir hier unser Unterbewusstsein? Die gleichen Menschen, die an Alpträumen leiden, sind es, die oft stundenlang vor „Katastrophenfilmen“ sitzen.

Die folgende Geschichte zeigt, welche fatalen Folgen es haben kann, wenn wir auf die falschen Leute hören:

So entstehen Krisen

Es war einmal ein Mann in Amerika, der wohnte an einer Überlandstraße. Sein Geld verdiente er sich mit dem Verkauf von Hot Dogs am Straßenrand. Seine Ohren waren nicht so gut, darum hörte er nie Radio. Seine Augen waren auch nicht so gut, darum las er nie Zeitung. Gut aber waren die Hot Dogs, die er verkaufte. Er stellte Schilder an die Straße, um das der Welt mitzuteilen. Auch er selbst stand an der Straße und rief „Günstige, gute Hot Dogs“: Immer mehr Leute kauf-

ten bei ihm. Er erhöhte seine Bestellungen für Würstchen und Brötchen und kaufte sich eine neue Ausrüstung, um mit dem wachsenden Geschäft Schritt halten zu können.
Als sein Sohn vom College zurückkam, geschah Folgendes:
Der Sohn sagte: „Vater, hast du gehört, wir befinden uns in einer tiefen Krise. Der Wirtschaft geht es schlecht, die Zeitungen sind voll von diesen Schlagzeilen." Daraufhin sagte sich der Vater: „Mein Sohn ist gescheit, gebildet, besucht diese Schule, der muss es wohl wissen."
Er reduzierte also seine Bestellungen für Würstchen und Brötchen, nahm seine Reklameschilder von der Straße und sparte sich die Mühe, sich an die Straße zu stellen, um seine Hot Dogs anzupreisen. Praktisch über Nacht brach sein Geschäft zusammen.
„Du hast Recht gehabt", sagte der Vater zum Sohn, „wir befinden und wirklich in einer großen Krise. Die Leute wollen nicht einmal mehr meine guten Hot Dogs kaufen."

Unbekannter Ursprung

Der schleichende Einfluss
Vor einigen Jahren bekam ich einen Anruf von einem holländischen „Motivations-Trainer". Er hätte von mir gehört und würde gern mit mir zusammenarbeiten, da er gewisse Synergien sehe. Er machte mir den Vorschlag, ein Seminar von ihm zu besuchen, um mich zu überzeugen. Ein guter Weg, jemanden kennen zu lernen. Was ich dort allerdings erlebte, war so ziemlich „das Letzte"! Kaum ein Satz, in dem nicht das Wort „Scheiße" vorkam.

Es widerte mich an. Dass er wenig Hintergrundwissen hatte, bewies er dadurch ebenfalls. Am Sprachgebrauch eines Menschen kannst du in sehr kurzer Zeit viel über ihn und „seine Welt“ erfahren. Eine Zusammenarbeit war für mich ausgeschlossen, und obwohl ich die Zeit besser hätte nutzen können, blieb ich bis zum Schluss des Seminars. Die Neugierde auf das, was noch käme, war stärker. Wie erwartet kam nichts Interessantes mehr. Ich beschloss, dieses Erlebnis aus meiner Erinnerung zu streichen. Doch einige Tage später wurde ich – zum Glück – von meinem Umfeld darauf aufmerksam gemacht, dass ich oft das Wort „Scheiße“ benutzte.
Was war geschehen? Immer wieder, mehrere hundert Male hatte ich an diesem einen Tag das Wort aufgenommen und es unbewusst in meinen Wortschatz übergenommen. Schön, wenn man ein Umfeld hat, das einen darauf aufmerksam macht.

Der richtige Ort
Neben den Menschen und den Informationen hat auch der Ort, an dem du lebst, einen starken Einfluss auf dich und deine Überzeugungen. Fühlst du dich dort, wo du zurzeit lebst, wohl? Gib die Suche nicht auf, bis du den Platz zum Leben gefunden hast, an dem du dich wirklich wohl fühlst. Mache keine Kompromisse, triff auch hier klare Entscheidungen. Wo genau möchtest du leben? In der Stadt, am Puls des Lebens oder in der Natur?
Als ich vor vielen Jahren zum ersten Mal in Australien war, überwältigte mich die Großzügigkeit der Denkweise vieler Australier. Ich bin überzeugt, dass die

Weite, der größere Raum, den die Menschen dort zur Verfügung haben, ihr Denken beeinflusst. Natürlich können wir nicht alle nach Australien auswandern. Dennoch: Achten wir darauf, wo wir mehr „Raum", mehr Weitblick bekommen. Zum Beispiel in der Natur oder in den Bergen.

Rene hat unbewusst vieles richtig gemacht. Zwar nicht immer auf Anhieb, doch orientierte er sich stets an Menschen, die erfolgreicher waren. Diejenigen, die ihm einreden wollten, „er könne das nicht, er sei nur Bahnbeamter" oder „er habe doch nicht die richtige Herkunft oder Ausbildung", ignorierte er. Das war sein Glück. Als es ihm „zu eng wurde", zog er von zu Hause aus. Er ließ sich auch von seinem Vater nicht beirren. Er distanzierte sich von Freunden, die ihn „hinunterzogen". Er fand in Manuela die Partnerin, mit der er glücklich wurde.
Er spürte einfach, was wichtig für ihn war.

2.3 Der dritte Schlüssel: Die permanente persönliche Weiterentwicklung

Michael hatte drei Jahre nach seinem Lehrabschluss als Mechaniker den Wunsch, sich bei seiner Arbeit die Hände nicht mehr schmutzig zu machen. Da er offen und neugierig war, wagte er den Schritt in den Versicherungsaußendienst. Er war mäßig erfolgreich, doch konnte er erste Erfahrungen im Verkauf sammeln, was wertvoll für ihn war. Da er tief in seinem Herzen immer noch Mechaniker war, konnte er sich für seine „Versicherungsprodukte" nicht so richtig begeistern. Dies war sicherlich der Hauptgrund seines mittelmäßigen Erfolges.

Das Verkaufen machte ihm Spaß, nicht aber das Produkt. Ich forderte ihn auf, darüber nachzudenken, für welches Produkt er sich am meisten begeistern könne: „Da brauche ich mir nicht lange Gedanken zu machen, denn am liebsten würde ich Porsche- oder Mercedes verkaufen." Ich forderte ihn auf, sämtliche Porsche und Mercedes-Vertretungen in seinem Gebiet ausfindig zu machen, die Geschäftsführer anzurufen und ihnen mitzuteilen, dass er leidenschaftlich gerne bei ihnen arbeiten würde.

Bereits der vierte Anruf war erfolgreich. „Ihre Aussage mit „leidenschaftlich gerne" hat mir sehr gefallen! Kommen Sie doch gleich für ein persönliches Gespräch vorbei und bringen Sie Ihre Unterlagen mit", sagte der Geschäftsführer einer Mercedes-Vertretung.

Michael hatte seinen Traumjob gefunden. Er bildete sich weiter und wurde bald zum erfolgreichsten Verkäufer. Der Hauptgrund war sicher, dass er diesmal vom Produkt überdurchschnittlich begeistert war.

Einige Jahre später ging der Verkaufsleiter in Pension, und Michael, der erfolgreichste Verkäufer, sollte diese Position bekommen. Alle freuten sich mit Michael. Doch zu diesem Zeitpunkt war niemandem bewusst, dass Michael als Verkaufsleiter ganz andere Aufgaben als ein Verkäufer hatte. Viel Papierkram, vor dem er sich bis dahin gut drücken konnte, kam auf ihn zu, und seine Hauptaufgabe war jetzt nicht mehr das Verhandeln mit Kunden, was ihm am meisten Spaß machte,

sondern das Planen, Organisieren, Führen und Motivieren.
Bald zeigte sich, dass er in der neuen Aufgabe total überfordert war, doch es fiel ihm schwer, dieses zuzugeben. Er hatte ja auch seinen Stolz. Natürlich hatte das negative Auswirkungen auf die Stimmung im Betrieb und auf sein Privatleben.
Da auch ich mittlerweile ein Kunde von Michael war, hatte ich seinen Aufstieg mitbekommen und gratulierte ihm. Einen glücklichen Eindruck machte Michael nicht gerade, er konnte und wollte mir auch nichts vormachen. Er bat mich um Hilfe, denn er wusste, dass er viel lieber wieder einfach nur Autos verkaufen würde. Er überlegte sich schon, ob er eine Verkäuferstelle bei einem anderen Händler annehmen sollte.
Bei einem Coaching, zusammen mit dem Geschäftsführer, kamen wir überein, eine neue Stelle für Michael zu schaffen, denn sein Chef wollte ihn unbedingt behalten. Er wurde „Chefverkäufer", hatte wieder die alte Tätigkeit mit einem neuen Titel inne, somit war das zumindest nach außen hin kein Abstieg. Einer seiner Kollegen, der gut organisieren konnte und den Papierkram liebte, wurde administrativer Leiter der Verkaufsabteilung.
Dieses Beispiel von Michael zeigt, dass wir viel mehr auf die Anlagen und Fähigkeiten Rücksicht nehmen müssen, um solche Tragödien zu verhindern. Lieber ein glücklicher Verkäufer als ein unglücklicher Verkaufsleiter.

Persönlichkeitspower

Wenn man sich in der Welt umsieht, wird eine Tatsache sehr deutlich: Wir haben zwar viele „Sachverständige", aber viel zu wenig starke, überzeugende Persönlichkeiten. Eine fundierte „Sachpower" steht bei uns in hohem Ansehen. Sachpower wird durch eine Ausbildung erworben und durch Diplome und Zeugnisse bestätigt. „Persönlichkeitspower" heißt: Kommunikationsfähigkeit, Menschenkenntnis, Kreativität, Charisma, Teamfähigkeit, Verhandlungsgeschick, Führungsfähigkeit, Motivation etc. Diese Eigenschaften werden als selbstverständlich vorausgesetzt, ohne dass es dazu einer Anleitung oder Auszeichnung bedarf.

Dabei zeigt doch die tägliche Erfahrung, dass auch die besten „Sachverständigen" im Umgang mit Menschen oft grobe Fehler machen.

„Persönlichkeitspower" bedeutet nicht nur, die besonderen Eigenarten von Menschen einigermaßen zutreffend zu erkennen, sondern darüber hinaus, diese Eigenarten auch zu berücksichtigen und sie entsprechend zu nutzen.

Die besten Ideen scheitern, wenn man das Verhalten der Menschen, die diese Vorhaben verwirklichen sollen, nicht von vornherein mit einbezieht. Circa 80 % der Probleme in unserer Gesellschaft sind auf fehlende oder mangelnde Persönlichkeitspower zurückzuführen.

Warum ist das so? Zum einen ist Persönlichkeitspower nicht direkt messbar. Damit ist sie für viele suspekt. Zum Zweiten liegt es auch an unserem System. Die Kriterien, nach denen zum Beispiel ein Professor ernannt wird, beschränken sich darauf, dass er ein ausgewiesener und geprüfter Fachexperte ist. Seine Persönlichkeitspower wird, wenn überhaupt, nur minimal in Betracht gezogen.

Vor einiger Zeit hielt ich an der Hochschule St. Gallen

ein Referat vor ca. 1000 Studenten. Mit Erstaunen musste ich feststellen, dass das Einzige, was sie wirklich interessierte, darin bestand, wie sie mit minimalem Arbeitsaufwand die nächste Prüfung bestehen. Können so wirkliche Persönlichkeiten entstehen? Oder werden es zukünftige Schreibtischtäter ... Sollen wir jetzt den Studenten die Schuld geben? Oder dem System!
Auch in der Wirtschaftspraxis zählt weiterhin die fachliche Ausbildung. Wie und nach welchen Kriterien soll denn die Persönlichkeitspower beurteilt werden? Ein graphologisches Gutachten reicht hier sicher nicht: Es ist zu vage, bietet viel zu viel Interpretationsspielraum und dient in der Regel dem Personalverantwortlichen lediglich als Rechtfertigung.

Exkurs: In 8 Schritten zu einer starken Persönlichkeit

Über seinen Sachverstand stolpert selten jemand. Ist Rudolf Scharping am Sachverstand gescheitert? Ist Thomas Bohrer als Botschafter in Berlin am Sachverstand gescheitert? Ich könnte jetzt hier noch viele andere Beispiele aufzählen, doch ich bin mir sicher, du kennst sie auch. Du wirst in Zukunft auch noch viele weitere Beispiele erleben, in Politik und Wirtschaft.
Diejenigen, die wirklich begriffen haben, wie wichtig Persönlichkeitspower tatsächlich ist, die wissen auch, dass sie ihr Geld und ihre Zeit am sinnvollsten in diesem Bereich der Weiterbildung investieren. Beruflich und privat.
Die folgenden 8 Schritte sind es, die dich zu einer starken Persönlichkeit machen:

Schritt 1
Beschäftige dich ganz konkret mit deinen persönlichen und biologischen Anlagen und Fähigkeiten. Finde heraus, was du besonders gut kannst und was dir wirklich Spaß macht. Mache das zu deinem Beruf. Gib nicht auf! Baue deine besonderen Anlagen und Fähigkeiten aus und entwickle sie weiter. Nutze Bücher und Seminare. Sei ein Original und keine Kopie. Achte darauf, dass du stimmig bist, so wirkst du viel überzeugender.

Schritt 2
Menschenverstand ist etwas vom Wichtigsten überhaupt. Baue nicht auf Oberflächlichkeiten oder gar auf einem Halbwissen, wie etwa in der Astrologie auf, sondern beschäftige dich mit einer Materie fundiert und so gründlich, dass du in der Lage bist, die Unterschiede und Anlagen anderer sofort zu erkennen und zu berücksichtigen.

Professionelle Menschenkenntnis ist der Schlüssel für den erfolgreichen Umgang mit Menschen! Wie gut begreife ich mein Gegenüber – und vor allem: wie gut begreife ich mich selbst? Wo Verständnis herrscht, lassen gute Lösungen im persönlichen wie im beruflichen Bereich nicht auf sich warten.

Schritt 3
Verbessere und verfeinere deine Kommunikation in Beruf und Privatleben, baue deinen Sprachgebrauch aus und übe dich in der Wahrnehmung. Vermeide „Loserstrategien". So benenne ich Kommunikationsmuster, die uns in der Regel nur schaden. Wir alle beherrschen diese Muster, denn sie wurden uns über Jahre hinweg vorgeführt. Un-

bewusst haben wir sie übernommen und nie oder selten in Frage gestellt. Wenn es uns gelingt, diese Muster durch bessere zu ersetzen, steigert sich unsere Lebensqualität.

1. Schuldzuweisungen – Rechtfertigungen
„Wer ist Schuld?“, lautet meist die erste Frage, wenn etwas nicht wie erwartet eingetreten ist. Vor einiger Zeit bat mich ein Ehepaar um Rat. Im Gespräch erfuhr ich, dass der Mann vor Jahren fremdgegangen war. Die Frau wurde damit nicht fertig und erinnerte ihn immer wieder daran. Sie redete ihm Schuldgefühle ein. Das war das Schlimmste, was sie tun konnte. Unbewusst glaubte sie, das sei der einzige Weg, eine Wiederholung auszuschließen. Wenn es uns gelingen würde, uns mehr mit Lösungen zu beschäftigen als mit Schuldfragen, dann wäre das schon ein großer Fortschritt.

2. Vorwürfe
Das ist oft die Steigerung nach der Schuldzuweisung. Beim besagten Ehepaar hatte die Frau ihrem Mann ständig Vorwürfe gemacht. Dass sie so die Beziehung zerstörte, war ihr natürlich nicht bewusst. Vermeide Vorwürfe, denn diese sind die Beziehungskiller Nr. 1, geschäftlich wie privat.

3. Nörgeleien
Kennst du Menschen, die ständig herumnörgeln? Meistens nach dem Haar in der Suppe suchen? Nörgeleien sind Hilfeschreie, denn diese Menschen sind meistens mit sich selbst sehr unzufrieden. Kein Mensch erträgt sie unter normalen Umständen jedoch lange. Frage dich auch hier, ob du es magst, wenn jemand ständig an dir herumnörgelt: „Steter Tropfen höhlt den Stein.“

4. Anspielungen und unklare Kommunikation
„Typisch Mann!" oder „Das ist wieder typisch Frau!" Solche und ähnliche Anspielungen, und in einem vorwurfsvollen Ton gesagt, belasten jede Beziehung. Die Erfahrung zeigt, dass Generalisieren nichts bringt. Vor kurzem hatte ich einen Erfolgs-Kongress organisiert. Zu einem Thema war keine Frau als Referentin zu finden. Mögliche Referentinnen waren bereits ausgebucht oder passten vom Thema her nicht zur Veranstaltung. Prompt hielten mir einige Frauen vor: „Wieder nur Männer." Dies zeigt, dass sie noch nichts gelernt haben. Denn Erfolg hat nun wirklich nichts mit dem Geschlecht zu tun. Leider benutzen viele dieses aber als Ausrede.
Es gibt Menschen, die schießen Anspielungen wie Giftpfeile ab. Dies hat zur Folge, dass andere verunsichert oder tief verletzt werden.
Schau in den Spiegel: Wie oft benutzt du – wahrscheinlich unbewusst – solche Loserstrategien? Ersetze sie durch „Winnerstrategien":

Tipp 1: Rechtfertige dich nicht, so nimmst du der Schuldzuweisung den Wind aus den Segeln.
Tipp 2: Gehe auf Vorwürfe und Nörgeleien nicht ein, lasse sie ins Leere laufen. So nimmst du ihnen die Energie.
Tipp 3: Fokussiere das Ziel, um was geht es wirklich? Wie erreichst du das Ziel? Das ist die Schlüsselfrage.
Tipp 4: Kommuniziere klar, deutlich und direkt – niemals hintenrum. Meide Menschen, die über andere schlecht reden, denn sie reden auch über dich schlecht, sobald du nicht anwesend bist!

Schritt 4

Trainiere dich im öffentlichen Reden. Hilfreich ist hier, ein Training zu besuchen, bei dem du dich auf einer Großleinwand sehen kannst und von anderen Teilnehmern Feedback bekommst, wie du auf sie wirkst. Wichtig dabei ist, dass dieses Training nicht unternehmensintern oder in deinem Freundeskreis stattfindet. Dieses Feedback muss „abgeschminkt" sein, das heißt, so direkt und klar wie möglich, und dies kann unter Mitarbeitern oder Freunden heikel sein.

Schritt 5

Finde genau heraus, was dich wirklich motiviert und begeistert. Wie du deinen Gefühlszustand beeinflussen kannst, sodass du so oft wie möglich „gut drauf" bist. Frage dich fortwährend, wie du die Dinge noch einfacher machen kannst. Wie du mit einem minimalen Aufwand das Maximale erreichst. Richard Koch beschreibt das in seinem Buch „80/20" (Campus Verlag) sehr treffend. Basierend auf dem Pareto-Prinzip, in dem die 20/80-Regel ihren Ursprung hat. Es wurde zum Beispiel festgestellt, dass wir mit 20 % unseres Aufwandes etwa 80 % der Ergebnisse erzielen. Also ist es unsere Aufgabe, genau herauszufinden, was genau die 20 % sind, damit wir uns noch mehr darauf konzentrieren können.
„Einfach Managen" heißt ein Buch von Dieter Brandes, dem ehemaligen Aldi-Manager. Aldi ist eines der erfolgreichsten Unternehmen unserer Zeit. Dieser Erfolg ist in erster Linie darauf zurückzuführen, dass alles so einfach wie nur möglich gemacht wird und die ganze Energie auf das Wesentliche konzentriert ist.

Schritt 6
Verbessere deine Teamfähigkeit. Überlege dir jeweils, wer im Team was am besten kann, und nicht, wer dafür zuständig ist. Je mehr du von Menschen verstehst, umso leichter fällt es dir, andere Denk- und Verhaltensweisen zu verstehen und zu berücksichtigen. Je besser du gelernt hast, dich verbal auszudrücken, umso leichter wird es dir fallen, die anderen Teammitglieder zu überzeugen.

Schritt 7
Fordere dein Gehirn, damit es so lange wie möglich aktiv bleibt. Mein Freund Gregor Staub hat mit Mega Memory ein Gedächtnis-Trainingsprogramm entwickelt, welches dich mental jung hält. Durch tägliches Lesen und kreative Tätigkeiten hältst du deinen Verstand hellwach.
Jemand hat einmal gesagt: „Es gibt kein schlechtes Gedächtnis, sondern nur ein schlecht genutztes." Diesen Satz kann ich voll und ganz unterschreiben.
Trainiere deinen Körper. Nur mit Ausdauer und Kraft hast du die Power, deine Ziele zu erreichen. Steigere deine Ausdauer durch regelmäßiges Laufen, damit du dann noch durchstarten kannst, wenn andere schon aufgeben. Achte auf deine Ernährung und iss das Essen der Sieger. So hast du die Energie, die du für deinen Erfolg und dein Wohlbefinden benötigst.

Schritt 8
Alles wird anders.
Sei wachsam und erkenne neue Trends. Nichts wird in zehn Jahren mehr so sein wie heute. Unsere Ausbildung ist sehr schnell veraltet, und deshalb hat das

Sprichwort „Wer nicht mit der Zeit geht, der geht mit der Zeit" mehr Gültigkeit als je zuvor. Gerade für Unternehmer ist es besonders wichtig, immer einen Schritt voraus zu sein.

Rene hatte sehr schnell gelernt, wie wichtig es ist, sich immer weiterzubilden. Er leistet sich auch jetzt noch einen persönlichen Coach, was heute noch immer eine Ausnahme ist. Viele Führungskräfte glauben, sie können und/oder müssen ihre Probleme alleine lösen.

Schlusswort

Ich hoffe, du hattest viel Spaß beim Lesen. Ich freue mich auf dein Feedback. Egal in welcher Form.
Doch jetzt beginnt deine Arbeit!!!
Falls du nicht bereits damit begonnen hast.

Triff klare Entscheidungen!
Suche dir das richtige Umfeld!
Erstelle einen Weiterbildungsplan!

Vielleicht lernen wir uns eines Tages persönlich kennen, eventuell auf einem Seminar, ich freue mich darauf.

Herzlichst
Martin Betschart

Zürich, im Mai 2005

Weiterführende Literatur

- Betschart, Martin: Ressourcing – Endecke Dein Erfolgspotenzial, Life Management Verlag
- Betschart, Martin: Ressourcing, ein Hörbuch:
  8 Kassetten. Bei Fragen wenden Sie sich an:

  RESSOURCING®-AKADEMIE AG
  Rebenweg 27, Postfach 70
  CH-5707 SEENGEN
  Tel. +41 (0) 62 767 50 50
  Fax +41 (0) 62 767 50 51
  info@ressourcing.ch
  www.ressourcing.ch
- Betschart M.: Relax – eine Entspannungs CD
- Betschart, Martin: 3 Schlüssel zum Erfolg, 3 Audio-CD's, Rusch Verlag
- Brandes, Dieter: Einfach Managen - 1 Audio CD, Campus Hörbuch
- Brandes, Dieter: Einfach Managen, Heyne, München
- Koch, Richard: Das 80/20 Prinzip, Campus, Frankfurt a. M.
- Sprenger, Die Entscheidung liegt bei dir, 2 Audio-CD´s, Campus, Frankfurt a. M.
- Staub, Gregor, Mega Memory, m. Audio CD, mvg, Frankfurt a. M.

Das Ressourcing® Ausbildungsprogramm

Ziel
Dipl. Ressourcing® Trainer/in

Aufbau-Seminare

Praxisorientierte
Diplom-Arbeit
Ein Projekt wird erfolgreich in der Praxis umgesetzt

1 Woche intensiv
Trainer-Training
Das Know-how für eine erfolgreiche Trainer-Karriere

1 Woche intensiv
Master-Training
Meisterhaftes Anwenden der Ressourcing Techniken

1 Woche intensiv
Life Management-Strategien
Werden Sie Regisseur Ihres Lebens

Basis-Programm

Basis III
1 Wochenende intensiv
Kommunikations-Strategien
Wie Sie erfolgreiche Beziehungen schaffen und höchst wirkungsvoll kommunizieren

Basis II
1 Wochenende intensiv
Zustands-Management
Wie Sie mit einem Minimum an Aufwand Maximales erreichen

Basis I
1 Wochenende intensiv
Professionelle Menschenkenntnis
Der Schlüssel für eine erfolgreiche Menschenführung beruflich und privat

8 Stunden intensiv
Life-Power
Machen Sie (scheinbar) Unmögliches möglich! Sprengen Sie die mentalen Grenzen!

Sonder-Seminare

1 Wochenende intensiv
Rhetorik-Training
Wie Sie überzeugend vor Gruppen sprechen

1 Tag intensiv
Gedächtnis-Training
Vom Gehirnbesitzer zum Gehirnbenutzer

1 Tag intensiv
Telefon-Training
Wie Sie erfolgreicher und wirkungsvoller telefonieren

1 Tag intensiv
Empfehlungs-Marketing
Der Königsweg zu neuen Kunden

1 Tag intensiv
Körpersprache
Körpersprache erkennen und verstehen

1 Tag intensiv
Schlagfertigkeit
Nie wieder sprachlos

1 Tag intensiv
Reden die bewegen
Die hohe Kunst des Redens

1 ½ Tage intensiv
Erfolgsfaktor persönliche Fitness
Wie Sie bis ins hohe Alter Ihre Gesundheit erhalten

1 Tag intensiv
Verkaufs-Training
Wie Sie Ihren Umsatz nachhaltig steigern

1 Tag intensiv
Zukunftstrend Kundenloyalität
Wie Sie noch erfolgreicher werden

1 Tag intensiv
Erfolgs-Forum
leben Sie live die „Stars" der Seminarszene

RESSOURCING®-AKADEMIE AG
Rebenweg 27, Postfach 70
CH-5707 SEENGEN
Tel. +41 (0) 62 767 50 50
Fax +41 (0) 62 767 50 51
info@ressourcing.ch
www.ressourcing.ch